Angelika Kipp

Freunde im Schnee

Fensterbilder aus Tonkarton für die Winter- und Weihnachtszeit

frechverlag

Von der bekannten Autorin Angelika Kipp sind im frechverlag zahlreiche weitere Titel für Winter und Weihnachten erschienen. Hier eine kleine Auswahl:

TOPP 2510

TOPP 2379

TOPP 2237

TOPP 2235

TOPP 2376

TOPP 2509

Zeichnungen: Berthold Kipp
Fotos: frechverlag GmbH + Co. Druck KG, 70499 Stuttgart;
Fotostudio Ullrich & Co., Renningen

Dieses Buch enthält:
2 Vorlagenbogen

Auflage: 5. 4. 3. 2. 1. | Letzte Zahlen
Jahr: 2003 2002 2001 2000 1999 | maßgebend

frechverlag GmbH + Co. Druck KG, 70499 Stuttgart
ISBN 3-7724-2508-9 · Best.-Nr. 2508
Druck: frechverlag GmbH + Co. Druck KG, 70499 Stuttgart

Gute Freunde genießen den Winter und Weihnachten wie kaum eine andere Jahreszeit. Denn im Winter kann man Schlittschuh laufen, Schneewanderungen unternehmen und gemeinsam Schnee fegen. Und natürlich ist da auch noch die Adventszeit und Weihnachten, die schönste Zeit im Jahr. Dann kann man zusammen auf den Nikolaus, den Weihnachtsmann und das Christkind warten, denn mit Freunden geht die Zeit viel schneller vorbei!

Schmücken Sie Ihre Wohnung zu dieser festlichen Zeit mit Fensterbildern aus Tonkarton: Begleiten Sie unsere Freunde im Schnee auf ihren Streifzügen durch die Winter- und Weihnachtswelt!

Hier macht sich der Weihnachtsmann mit seinem Eselchen auf die weite Reise zu den vielen Menschen, die sehnsüchtig auf ihn warten. Beide stapfen durch den verschneiten Winterwald, in dem ein verzaubertes Hexenhäuschen aus Lebkuchen steht.

Auch die Tiere genießen die Vorbereitungen auf Heilig Abend: Eine kleine hungrige Maus hat sich über das Weihnachtsgebäck hergemacht. Die Nikolausstiefel sind bereits prall gefüllt und ein kleiner Pinguine liebt es die Schneekristalle aufzufangen, während ihm ein Engelchen auf der Wolkenschaukel vom Himmel dabei zusieht.

Wie Sie sehen, kann das Warten aufs Christkind mit vielen Bastelstunden verschönert werden.

Ich wünsche Ihnen eine schöne Weihnachts- und Winterzeit.

Ihre
Angelika Kipp

Material und Werkzeug

- *Tonkarton in verschiedenen Farben*
- *Fotokarton in Metallicfarben (z. B. von Marpa Jansen)*
- *Tonkarton, sternenbedruckt (z. B. von Marpa Jansen)*
- *Tonkarton-Buchstaben (z. B. von Ursus/Bähr)*
- *Transparentpapier*
- *Hologrammfolie in Gold (z. B. von Ursus/Bähr)*
- *Dünne Pappe*
- *Filzstift in Rot und Schwarz*
- *Bleistift (HB, 2 H)*
- *Weicher Radiergummi*
- *Lineal*
- *Evtl. Kreisschablone*
- *Bastelmesser mit Schneideunterlage*
- *Schere*
- *Klebeband*
- *Klebstoff, z.B. UHU Alleskleber*
- *Nähnadel*
- *Faden zum Aufhängen*
- *Wackelaugen, ø 1,8 cm und 1,2 cm*
- *Locher*

Tipps und Tricks

GESTALTUNG DES MOTIVS VON DER VORDER- UND RÜCKSEITE

Frei hängende Fensterbilder sollten sowohl von der Vorder- als auch von der Rückseite gearbeitet werden. Hierzu benötigen Sie die meisten Teile in doppelter Ausführung. Die Teile werden auf der Rückseite spiegelbildlich, aber in der gleichen Reihenfolge wie auf der Vorderseite angebracht.

DECKUNGSGLEICHES KLEBEN UND AUFMALEN

Die Rückseite sollte absolut deckungsgleich zur Vorderseite bemalt und geklebt werden, da heller Tonkarton durchscheint. Stellen Sie dazu die Vorderseite des Motivs komplett zusammen und drücken Sie die Bastelarbeit dann bei Tageslicht mit der bereits fertigen Seite gegen eine Fensterscheibe. So scheinen alle Kanten und Linien durch – diese Teile werden auf der Rückseite deckungsgleich bemalt bzw. aufgeklebt.

AUFHÄNGUNG

Es gibt verschiedene Möglichkeiten ein Fensterbild aufzuhängen. Sie können zwischen dem altbewährten Faden, einem Geschenkband oder einem Klebeband wählen. Wenn Sie mit einem Faden arbeiten wollen, balancieren Sie das Motiv zwischen Daumen und Zeigefinger aus, bis Sie die richtige Stelle gefunden haben. Mit einer Nadel stechen Sie dann einige Millimeter vom Rand entfernt in den Tonkarton und ziehen den Faden durch. Je größer das Motiv ist, umso eher sollten Sie mit zwei Fäden arbeiten.

MOTIVHÖHE

Damit Sie sich vorstellen können, wie groß das fertige Fensterbild ist, ist bei jeder Anleitung die Motivhöhe angegeben.

Schritt für Schritt erklärt

1

Legen Sie Transparentpapier auf ihr ausgewähltes Motiv auf dem Vorlagenbogen. Übertragen Sie mit einem Stift alle benötigten Einzelteile ohne Überschneidungen.

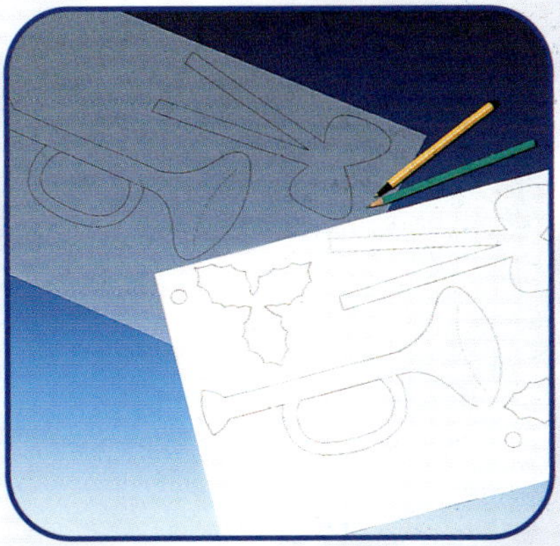

2

Kleben Sie das bemalte Transparentpapier auf eine dünne Pappe und schneiden Sie die Einzelteile anschließend heraus. Fertig sind die Schablonen! Mithilfe dieser Schablonen arbeiten Sie die benötigten Tonkartonteile, indem Sie sie einfach auf den Tonkarton der gewünschten Farbe legen, mit einem Bleistift umfahren und dann die einzelnen Teile sorgfältig ausschneiden.

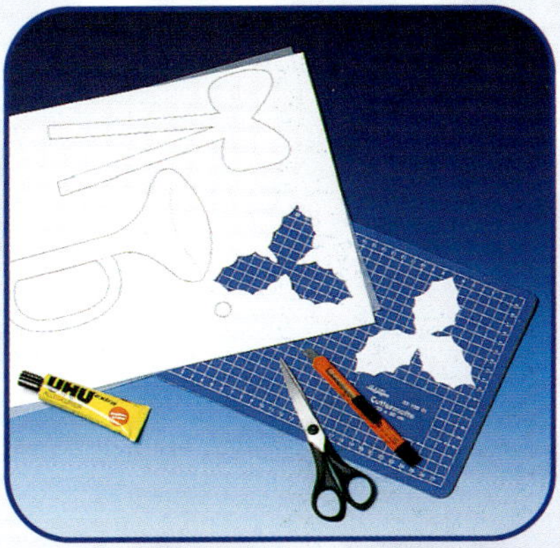

3

Zeichnen Sie alle schwarz markierten Stellen sowie gepunkteten Linien (s. Vorlagenbogen) auf.

TIPP Pausen Sie die schwarz markierten Stellen und gepunkteten Linien mit Hilfe von Transparentpapier vom Vorlagenbogen ab. Legen Sie das Papier anschließend auf den jeweiligen Tonkarton und fahren Sie die Linien mit einem spitzen, harten Bleistift kräftig nach. Dadurch werden die Linien in den Karton gedrückt und können leicht mit Filzstift nachgemalt werden.

Fügen Sie zum Schluss die Einzelteile zu dem gewünschten Motiv zusammen – das Foto und die Vorlage geben Positionierungshilfen.

Wir wandern durch den Schnee

MOTIVHÖHEN:
Teddy ca. 36 cm
Mäuse ca. 21 cm

Die drei Freunde wandern durch den Schnee und freuen sich auf die bevorstehende Adventszeit.

Zeichnen Sie dem Trio die Gesichter und alle gepunkteten Linien (s. Vorlagenbogen) auf. Die Arme der Mäuse sind schwarz umrandet, damit sie sich besser vom Körper abheben.

Der Teddy erhält seine zweiteilige Weste, die Innenohrteile und die Schnauze. Ebenso wie auch die Mäuse erhält der Teddy seine Wackelaugen (Teddy ø 1,8 cm; Mäuse ø 1,2 cm), die dreiteilige Mütze und den wärmenden Schal. Geben Sie nun dem jeweiligen Tier die Glocke mit Ilex, den Tannenzweig und den Stern in die linke Pfote. Dann können die drei in der sternklaren Nacht durch die Schneelandschaft stapfen.

Hört! Es läutet eine Glocke!

Ein Teddynikolaus

Dieser Teddynikolaus ist niedlich anzusehen.

Er benötigt zum Fest unbedingt sein aufgemaltes Gesicht (s. Vorlagenbogen). Ziehen Sie ihm den Nikolausmantel samt zweiteiligem Gürtel über, dann werden die Mantelfelle, das Fußpaar sowie das rechte Innenohrteil ergänzt. Bei einem Nikolaus darf natürlich die dreiteilige Mütze nicht fehlen.

Den kleinen Stern hat das nette Plüschtier sicher für Sie vom Himmel geholt.

MOTIVHÖHE:
ca. 23,5 cm

Originelle Windlichter

Wenn diese Windlichter an Ihrem Fenster hängen, werden viele Betrachter stehen bleiben und staunen.

MOTIV-HÖHE:
ohne Aufhängung ca. 24,5 cm

Zeichnen Sie den Docht auf (s. Vorlagenbogen) und fügen Sie die beiden Kerzenteile zusammen. Die brennende Kerze wird in das Windlicht hineingestellt. Nun können Sie es an einem beliebig langen Streifen Tonkarton aufhängen. Ein Stern schmückt die Verbindungsstelle.

Diese Windlichter leuchten den ganzen Tag an Ihrem Fenster!

Freunde im Schnee

MOTIVHÖHE:
ca. 44,5 cm

Ein wenig Gesellschaft kann man beim Schneefegen gut gebrauchen!

Zeichnen Sie den beiden Freunden die Gesichter und alle gepunkteten Linien (s. Vorlagenbogen) auf.
Der kühle Geselle hält den zusammengefügten vierteiligen Besen im Arm. Gegen die eisigen Temperaturen schützen die dreiteilige, gepunktete Mütze und der bunte Schal. Die vielen kleinen Punkte werden mithilfe eines Lochers ausgestanzt.
Nun braucht der Mann in Weiß noch seine typische Nase, dann kann er den kleinen Flugkünstler auf dem Besen bewundern.
Dieser benötigt seinen Schnabel, damit er sich gut unterhalten kann. Das Vögelchen trägt ebenfalls einen Schal und eine zweiteilige Mütze.

Da der Schnee in vielen großen Flocken niederfällt, müssen sich die beiden mit dem Schneefegen aber beeilen!

Weihnachtlich dekoriert

MOTIVHÖHE:
ca. 32 cm

Ein weihnachtlich geschmücktes Instrument ist eine schöne Dekoration für jede Wohnung.

Zeichnen Sie die gepunkteten Linien (s. Vorlagenbogen) auf. Ein Ilexzweig mit drei roten Beeren schmückt das Musikinstrument, das von einem Schleifenband aus mit Sternchen bedrucktem Tonkarton gehalten wird.

Ob zum Weihnachtsfest wohl jemand auf diesem Instrument spielt?

Weihnachtsklänge

MOTIVHÖHE:
ca. 25,5 cm

Zur Advents- und Weihnachtszeit ziehen wunderschöne Töne und festliche Klänge durch die Wohnung.

Fixieren Sie die Ilexblätter und die drei Sterne an dem Notenschlüssel und schon können Sie der weihnachtlichen Musik lauschen.

Draußen vom Walde komm ich her!

Selbst bei starkem Schneetreiben stapft der Weihnachtsmann mit seinem Esel durch den Winterwald, damit alle Kinder ihre Geschenke rechtzeitig erhalten.

Zeichnen Sie das Eselgesicht, die Hufe und alle gepunkteten Linien (s. Vorlagenbogen) auf.

Der Arm des Weihnachtsmannes ist schwarz umrandet, damit er sich besser vom Mantel trennt.

Das Kopfteil des schwer beschäftigten Mannes wird hinter dem Mantelteil fixiert. Die Hand kleben Sie unter den linken Ärmel. Nun ergänzen Sie alle Mantelfelle, das Mützenfell- und Bartteil und den Pompon.

Der Esel erhält sein Halfter, die Nüster, die zweiteilige Mähne und das Schwanzteil. Das Tier trägt den vollen Sack, an dessen Bandenden zwei Sterne baumeln. Kleben Sie die beiden auf die große Schneefläche. Zwei tief verschneite Tannen säumen ihren Weg und die Schneeflocken fallen sachte vom Himmel.

MOTIV-HÖHEN:
Nikolaus mit Schneefläche ca. 35 cm
Tannenbaum ca. 40 cm

Ganz gespannt warten schon Groß und Klein auf den Weihnachtsmann. Ob er auch an Ihrem Haus vorbeigeht?

Ein gefüllter Nikolausstiefel

MOTIVHÖHE:
ca. 38,5 cm

Wer hat sich denn da im Stiefel versteckt?

Zeichnen Sie das Nikolausgesicht und alle gepunkteten Linien (s. Vorlagenbogen) auf. Das Fell- und Bartteil wird auf den roten Untergrund gesetzt. Fixieren Sie das Gesichtsteil mit der aufgeklebten Nase, den Pompon, das Handpaar mit dem Tannenzweig und die mit Mandeln verzierten Plätzchen. Wenn Sie die Sterne aufgeklebt haben, ist das Werk vollendet.

Wer kommt nun zum Naschen?

Ein geschmückter Tannenbaum

Bei diesem Tannenbaum funkelt und glitzert der Kerzenschein besonders prächtig.

Zeichnen Sie die Dochte der Kerzen auf. Der Schein der Kerzen wird aus selbstklebender goldener Hologrammfolie geschnitten.
Platzieren Sie die zweiteiligen Kerzen darauf. Nun wird der Baum mit Kugeln, die an Schleifen hängen, und Brezeln festlich geschmückt.

TIPP Sie können alle auf den Baum aufgesetzten Teile auch aus Tonpapier arbeiten, da der Untergrund aus Tonkarton die nötige Stabilität aufweist.

Ein prachtvoller Weihnachtsbaum!

MOTIVHÖHE:
ca. 39 cm

Winter am Südpol

MOTIVHÖHE:
ca. 36 cm

Bei diesen Temperaturen und bei dichtem Schneefall fühlt sich ein Pinguin so richtig wohl.

Das Tier im schwarzen Frack benötigt zunächst sein aufgemaltes Auge. Der Schnabel sowie der Fuß werden von vorn ergänzt. Der Pinguin trägt eine Mütze und einen Schal aus mit Sternen bedrucktem Tonkarton. Einige Eiskristalle fallen vom Himmel.

Nun geht der Winterspaß erst richtig los!

Ein stilvolles Advents-gesteck

MOTIV-HÖHE:
ca. 34,5 cm

Diese Kerze mit ihrem Sternenmuster trägt durch ihr Leuchten zu einer stimmungsvollen Adventszeit bei.

Der mit Sternen bedruckte Tonkarton wird hinter das Tannengrün gesetzt. Der Kerzenrand ist mit Goldkarton versehen. Die dreiteilige Flamme wird von hinten an der Kerze fixiert.

Nun brauchen Sie den Tannenzweig nur noch mit der Goldschleife zu dekorieren und schon ist ein wunderschönes Adventsgesteck entstanden.

nur Spiegel

Frohe Weihnachten!

MOTIVHÖHE:
ohne Band ca. 32 cm

Diese Glocke heißt Ihre Gäste herzlich willkommen.

Zeichnen Sie die gepunkteten Linien (s. Vorlagenbogen) auf. Die Glocke wird mit den Ilexblättern und den Sternen in verschiedenen Größen verziert. Nun fehlen nur noch der Schlegel und die bunten Buchstaben aus Tonkarton.

Wir wünschen frohe Weihnachten!

Hallo, lieber Nikolaus!

MOTIVHÖHEN:
Nikolaus mit Schneefläche ca. 36 cm
Tanne mit Schneefläche ca. 41,5 cm

Hallo, lieber Nikolaus,
komm doch auch in unser Haus!

Zeichnen Sie dem Nikolaus und dem Mäuschen das Gesicht und alle gepunkteten Linien (s. Vorlagenbogen) auf. Die Flickennähte werden erst nachdem alle Teile aufgeklebt wurden ergänzt.

Platzieren Sie die Sackteile auf dem roten Mantelteil, dann folgen das Mantelfell, das Bart- und Mützenteil mit dem untergesetzten Gesichtsteil sowie der Pompon.
Der Tannenzweig mit dem Stern wird unter den linken Handschuh gesetzt und zusammen mit dem Ärmelfell aufgeklebt. In der rechten Hand hält der fleißige Mann den sternen- und flickenbesetzten Sack.

Ein kleines Mäuschen hält sich im Mantelfell warm. Wohlgelaunt stapft der Nikolaus in der sternenklaren Nacht durch den Schnee. Die Tannenbäume im Wald glänzen ebenfalls sternengeschmückt.

Hast du uns auch etwas mitgebracht, lieber Nikolaus?

Eine Wolkenschaukel

MOTIVHÖHE:
ca. 35,5 cm

Für kleine Engel gibt es nichts schöneres als hoch oben in den Wolken inmitten von Sternen zu schaukeln.

Zeichnen Sie dem Engel das Gesicht auf. Das Haarteil wird schwarz umrandet, damit es sich von den Flügeln abhebt.

Kleben Sie das Gesicht auf das Haarteil und fixieren Sie es auf dem sternenbedruckten Tonkartonkleid. Das Fußpaar, die Hände sowie die Flügel werden von hinten an den Engel geklebt. Stellen Sie das lustige Engelchen auf die sternenbesetzte Wolkenschaukel.

Von hier oben ist der Ausblick einfach wunderbar!

Knusper, knusper, knäuschen, du kleines Plätzchenmäuschen!

MOTIVHÖHE:
ca. 30 cm

Hoffentlich bekommt die kleine Maus von diesen vielen Plätzchen kein Bauchweh.

Zeichnen Sie dem hungrigen Tier sein Gesicht und alle gepunkteten Linien (s. Vorlagenbogen) auf.
Der Arm wird schwarz umrandet, damit er sich besser vom Körper trennt.

Die Maus erhält das linke Ohr und einen Schal. In der linken Pfote hält sie ein mit Mandeln verziertes Lebkuchenherz. Platzieren sie dieses so, dass der Fuß von vorne auf dem Herzen fixiert wird. Setzen Sie das kleine hungrige Tier auf die graue Bodenfläche und kleben Sie einen Tannenzweig, die vielen verschiedenen Lebkuchensorten und die Sterne darauf.

Guten Appetit!

Eine bunte Weihnachtsgirlande

MOTIVHÖHEN:
Weihnachtsmann
ca. 21 cm

Eine solche Weihnachtsgirlande wirkt am Fenster oder an einer Tür sehr dekorativ.

Zunächst erhalten die Weihnachtsmänner ihre aufgemalten Gesichter.
Die rote Weihnachtsmanngestalt erhält die Mantelfelle, das auf das Bartteil geklebte Gesicht sowie den Pompon. Ein kleiner Stern schmückt den Mantel.

Platzieren Sie nun die Tannenzweige rechts und links neben dem Nikolaus. Die Brezeln und Sterne verbinden die einzelnen Motive. Die Girlande können Sie ganz individuell Ihrer Fensterbreite anpassen.

Da kommt Weihnachtsstimmung auf!

Mein kleines Hexenhaus

MOTIVHÖHEN:
Haus mit Schneefläche ca. 32,5 cm
Tanne mit Schneefläche ca. 39,5 cm

Dieses Haus ist einfach zum Anbeißen!

Laut Architekt werden zunächst das Schneedach und die Schneefläche des Schornsteins am Rohbau befestigt.
Das Haus erhält die Tür mit dem aufgemalten Griff und das gelbe Sprossenfenster. Für die Außenfassade benötigen Sie verzierte Lebkuchen, Herzchen, eine Brezel und gelbe Bonbonkreise.
Dieses leckere Bauwerk steht mitten im Schnee. Beschneite Gartenzäune und eine grüne, mit Schneeflächen bedeckte Tanne stehen ebenfalls im verschneiten Vorgarten. Heute fallen besonders viele Schneeflocken vom Himmel.

Wohnt eine Hexe darin? Vielleicht schaut sie gleich aus dem Fenster hinaus!

Echt sportlich!

MOTIVHÖHE:
ca. 41 cm

Viel Spaß beim Wintersport!

Sind die Seen erst einmal zugefroren, werden schnell die Schlittschuhe hervorgeholt.

Zeichnen Sie das Gesicht des sportlichen Elchs und alle gepunkteten Linien (s. Vorlagenbogen) auf. Das Geweih wird von hinten, das Innenohrteil, der Schal, die Handschuhe sowie die Schlittschuhe werden von vorn am Körper fixiert. Gekonnt gleitet der Elch über den zugefrorenen See, dessen Ufer schneebedeckt sind.

Ein geschmückter Tannenzweig

MOTIVHÖHE:
ohne Sterne ca. 26 cm

Geschmückte Tannenzweige verschönern zur Weihnachtszeit Ihre Räume.

Zeichnen Sie den Docht der Kerze und die gepunkteten Linien (s. Vorlagenbogen) auf. Die zusammengefügte Kerze wird hinter das Tannengrün gesteckt. Die Schleife und alle Sterne werden von vorn fixiert. Drei Sterne hängen in unterschiedlichen Höhen an den Zweigen.

Eine besinnliche Adventszeit!

Ein Glockenspiel

MOTIVHÖHE:
ca. 38 cm

Glocken läuten die Weihnachtszeit ein und erfreuen uns durch ihre festlichen Töne.

Alle Glockeninnenteile samt Schlegel werden aufgemalt. Jede Glocke ist an einer Schleife aufgehängt. Hängen Sie die einzelnen Glocken an das Glockengestell, das mit Sternen geschmückt ist.

Süßer die Glocken nie klingen...!